SingLiesel

Über den Autor:
Günter Neidinger wuchs mit fünf Geschwistern auf, studierte in Karlsruhe und wirkte lange Jahre als Lehrer und Rektor. Seit vielen Jahren ist er erfolgreicher Autor von Erzählungen, Geschichten und Vorlesebüchern. Seine Bücher zeichnet ein feiner Humor aus, der gerade ältere Menschen besonders anspricht.

Impressum:

Druck: FINIDR, Czech Republic
Satz: Röser MEDIA GmbH & Co. KG, Karlsruhe
ISBN 978-3-944360-50-8

2. Auflage

www.singliesel.de

Günter Neidinger

Was hat die Oma heut' gekocht?

Rezeptgeschichten

Rezepte zum Erraten –
Geschichten zum Vorlesen

Inhaltsverzeichnis

Kartoffelsuppe *6*

Linsengemüse *12*

Frikadellen *18*

Semmelknödel *24*

Pellkartoffeln mit Quark *30*

Fleischsauce (Bologneser Sauce) *36*

Sauerkraut mit Kasseler *42*

Kartoffelpuffer (Reibekuchen) mit Apfelmus *48*

Ungarisches Gulasch *56*

Kohlrouladen (Krautwickel) *64*

Tomatensuppe italienische Art *70*

Paniertes Schnitzel Wiener Art *76*

Eingelegte Sahneheringe mit Pellkartoffeln *82*

Leipziger Allerlei *88*

Paniertes Fischfilet *94*

Kirschauflauf *102*

Apfelküchle *108*

Feine Waffeln *116*

Anhang

Einkehr (Gedicht von Ludwig Uhland)
Vom Fischer und seiner Frau (Fortsetzung)
Die Geschichte von der blauen Tomate (Fortsetzung)

Was gibt es …
… heute zu essen?

Oma braucht dazu …

100 g Speck, gewürfelt

1 Lorbeerblatt

1 Bund Suppengemüse, klein geschnitten

1 Zwiebel, gehackt

1,5 l Gemüsebrühe

1200 g Kartoffeln, geschält und gewürfelt

4 Würstchen, in Scheiben geschnitten

1 EL Pflanzenöl

1 Sträußchen frische Petersilie, gehackt

Salz zum Abschmecken

Heute gibt es …

Kartoffel-
suppe

Omas Rezept:

Kartoffelsuppe gehört zu Omas Leibspeisen. Auch ihre Kinder und Enkelkinder freuen sich, wenn es Omas Lieblingsgericht gibt.

Oma kocht das so:

Den Speck und die Zwiebeln lässt sie in einem Topf anschwitzen. Dann fügt sie das Suppengemüse hinzu und brät alles zusammen an. Das Ganze wird mit Gemüsebrühe abgelöscht. Danach kommen die Kartoffeln und das Lorbeerblatt dazu.

Jetzt wird alles zusammen 20 Minuten gegart, dann das Lorbeerblatt entfernt und alles mit einem Kartoffelstampfer grob zerstampft. Nun kommen die Wurstscheiben hinein. Wenn die Suppe heiß genug ist, wird sie noch mit Salz abgeschmeckt.
Die Suppe serviert Oma in tiefen Tellern und bestreut sie noch mit Petersilie.

Wenn ihr Schwiegersohn Uwe zu Besuch ist, lässt sie die Speckwürfel weg, denn die mag er nicht. Er hat lieber etwas mehr Wurst in der Suppe.

In Omas Jugendzeit hatte sie keine Wurst in der Kartoffelsuppe. Dafür gab es am Samstag ein Stück Apfelkuchen dazu. Das schmeckte mindestens genauso gut!

Die Kartoffel: Nicht nur gut für Suppen

Die Kartoffelsuppe ist nur eine von vielen Möglichkeiten. Da gibt es zum Beispiel noch: Pellkartoffeln, Salzkartoffeln, Bratkartoffeln, Kartoffelpuffer, Kartoffelsalat, Kartoffelchips und Pommes frites.

Und wenn wir nachdenken, fallen uns bestimmt noch mehr ein!

Viele Kartoffelsorten

Auf der ganzen Welt gibt es über 5 000 Kartoffelsorten. Ursprünglich stammen die Kartoffeln aus Amerika. Spanier haben sie im 16. Jahrhundert aus dem Inkareich nach Europa gebracht.

Oma hatte früher drei oder vier Sorten auf ihren Feldern: Grata, Datura, Sieglinde, dazu noch Granola. Später kamen weitere Sorten dazu wie Linda, Belana, Selma und die holländische Bintje.

„Im Herbst gab es auf dem Land extra Kartoffelferien für die Schulkinder“, erinnert sich Oma. „Da musste man alle Kartoffeln noch von Hand auflesen.“

Kartoffeln haben viele Namen

Erdäpfel, Herdöpfel, Erdbirnen, Grundbirnen, Grumbire, Grumbeere – gemeint ist, je nach Landschaft, dasselbe: Kartoffeln!

Loblied auf die Kartoffel

Das älteste deutsche Kartoffellied wird wohl das *„Loblied auf die Kartoffel“* sein. Es stammt von Samuel Friedrich Sauter, einem Dorfschullehrer und Dichter (1766–1846). Das Lied hat zwanzig Strophen und beginnt so:

Herbei! Herbei zu meinem Sang,
Hans-Jörgel, Michel, Stoffel!
Und singt mit mir das Ehrenlied
dem Stifter der Kartoffel.

Franz Drake hieß der brave Mann,
der vor zweihundert Jahren
von England nach Amerika
als Kapitän gefahren.

Gemeint ist der Pirat Sir Francis Drake. Egal, ob er es war, der uns die Kartoffeln brachte, oder die spanischen Eroberer – Kartoffeln schmecken uns.

Was gibt es …
… heute zu essen?

Oma braucht dazu …

$1\frac{1}{2}$ l Wasser

1 Lorbeerblatt

1 Knoblauchzehe

1 Zwiebel, gewürfelt

1 Bund Suppengrün, klein geschnitten

375 g mittelgroße braune Linsen (Tellerlinsen)

Salz, Pfeffer

1–2 EL Essig

125 g Speckwürfel

1 EL Öl

Als Beilage beliebt zu Wiener Würstchen.

Heute gibt es …

Linsengemüse

Omas Rezept:

Als Kind hat Oma Linsen nicht gerne gegessen. Aber das hat sich inzwischen geändert. Jetzt gehört Linsengemüse zu ihren Lieblingsgerichten. Zuerst weicht Oma die Linsen über Nacht ein. Jetzt schüttet sie das Wasser ab und kocht sie mit frischem Wasser (ohne Salz) auf.

Nach dem Abschäumen legt Oma das Lorbeerblatt, den Knoblauch, die Zwiebel und das Suppengrün hinein. Zugedeckt wird das Ganze etwa 30 Minuten weichgekocht.

Danach schmeckt Oma die Linsen mit Salz, Pfeffer und Essig ab. Sie entfernt das Lorbeerblatt.

Die Speckwürfel hat Oma in heißem Öl knusprig angebraten. Sie werden über die angerichteten Linsen gegeben.

Zum Linsengemüse gibt es dann Spätzle und Würstchen. Auch gekochter Speck, in Scheiben geschnitten, schmeckt gut dazu.

Manchmal serviert Oma ihr Linsengemüse auch als Beilage zu Wildgerichten. Egal wie, Omas Linsen schmecken immer!

Linsengemüse bei Uroma

Zu Uromas Zeiten mussten die Linsen am Tag vorher noch handverlesen, gewaschen und eingeweicht werden. Auch eine Mehlschwitze kam ans Linsengericht. Dazu rührte Uroma 60 g Mehl in 40 g heißes Fett in der Pfanne, bis es braun wurde.

Wo kommen die Linsen her?

Linsen gehören zu den Hülsenfrüchten (wie auch Bohnen und Erbsen). Es sind die runden, flachen Samen, die an einjährigen krautigen Pflanzen auf kargen Böden wachsen. Die Pflanzen werden bis zu 50 cm hoch.

In Mitteleuropa werden kaum Linsen angebaut, in Deutschland nur auf der Schwäbischen Alb und in Niederbayern. Die meisten Linsen kommen aus Amerika und Asien. Allein in Indien gibt es über 50 Sorten.

Eine alte Kulturpflanze

Linsen gehören zu den ältesten Kulturpflanzen. Es gab sie schon bei den alten Ägyptern vor fast zehntausend Jahren.

Auch in der Bibel kommen Linsen vor, so etwa in einer Geschichte des Alten Testaments: Isaak und Rebekka hatten Zwillinge, Esau und Jakob. Esau war ein paar Minuten älter, also der Erstgeborene. Das war für das Erbrecht sehr bedeutend.

Eines Tages kam Esau hungrig von der Feldarbeit heim. Jakob hatte Linsen gekocht. Esau wollte davon haben. „Wenn du das Erstgeborenenrecht an mich abgibst, bekommst du die Linsen", sagte Jakob. Vor lauter Hunger willigte Esau schließlich in den Handel ein.

Linsen im Märchen

Wer kennt ein Märchen, in dem Linsen eine Rolle spielen?

Ist es *Schneewittchen und die sieben Zwerge*?
Ist es *Der Wolf und die sieben Geißlein*?
Ist es *Dornröschen*?
Ist es *Aschenputtel*?

Richtig! Bei Aschenputtel kommen Linsen vor. Das arme Mädchen muss sie nach dem Willen der bösen Stiefmutter aus der Asche lesen. Zum Glück helfen ihr die Tauben dabei:
„Die guten ins Töpfchen, die schlechten ins … *(Kröpfchen)*", so heißt es im Märchen der Brüder Grimm.

Was gibt es …
… heute zu essen?

Oma braucht dazu …

1 Zwiebel,
fein gewürfelt

1 Bund Petersilie,
gehackt

500 g gemischtes
Hackfleisch

20 g Butter

1–2 Knoblauchzehen, zerdrückt

ca. ½ TL Pfeffer

ca. 1 TL Salz

1 Prise Muskatnuss

Majoran

abgeriebene
Zitronenschale

1 Ei

1 trockenes
Brötchen

60 g Backfett

Heute gibt es ...

Frikadellen

Omas Rezept:

Frikadellen schmecken immer! Besonders wenn Oma sie macht, sagen ihre Enkelkinder.

Zuerst weicht Oma das trockene Brötchen in Wasser ein und drückt es dann aus.

Jetzt bestreut sie das Hackfleisch mit dem Salz und knetet es durch. Am besten gelingt es, wenn sie ihre Hände mit kaltem Wasser anfeuchtet.

Die Zwiebelwürfel und die Petersilie werden in der Pfanne in heißer Butter angeschwitzt und dann zusammen mit allen anderen Zutaten unter das Fleisch gemischt.

Oma verarbeitet die gesamte Masse zu einem geschmeidigen Teig. Zum Schluss formt sie mit angefeuchteten Händen daraus acht Frikadellen.

Sie legt sie ins heiße Fett einer Stielpfanne. Dort werden sie auf beiden Seiten angebraten. Fertig durchgegart werden sie anschließend bei reduzierter Hitze.

Wenn ihr Schwiegersohn Uwe zu Besuch kommt, paniert Oma die Frikadellen mit Semmelbröseln und backt sie dann im Fett aus.

Frikadellen oder wie?

In manchen Gegenden kennt man Frikadellen auch unter anderen Namen. Vor allem im Süden sind sie eher bekannt als *Fleischküchle*. In Bayern sagen viele Leute *Fleischpflanzerl* dazu. *Buletten* ist ein weiterer Name. Er ist im Nordosten gebräuchlich.

Die Bezeichnung Buletten haben Soldaten Napoleons nach Deutschland gebracht, als sie Berlin belagerten. In Frankreich heißen die Fleischklößchen nämlich „boulette". Das kommt von „boule" – Kugel.

Manche sagen zu Frikadellen auch *Fleischklopse*. Dieser Begriff stammt ursprünglich aus Ostpreußen.

Aber egal, ob Frikadellen, Fleischküchle, Fleischpflanzerl, Buletten oder Klopse – sie schmecken auf jeden Fall!

Deutsches Beefsteak – was ist das?

Ganz einfach! Die gebratenen Frikadellen werden mit Spiegelei und gerösteten Zwiebelringen garniert. Und fertig ist das deutsche Beefsteak! Hm, das schmeckt!

Eine kuriose Geschichte

Normalerweise ist eine Bulette eine Art Frikadelle und sprachlich im Berliner Raum beheimatet. Vor einigen Jahren gab es aber im Berliner Zoo noch eine andere Bulette. Diese wog in ihrer besten Zeit rund 3 000 Kilogramm.

Bulette war ein Flusspferd, das 53 Jahre alt wurde und somit das älteste Flusspferd in Europa war. In der Wildnis werden diese großen Säugetiere nur etwa 30 bis 40 Jahre alt.

Die zwanzig Nachkommen von Bulette sind auf der ganzen Welt anzutreffen. Einige ihrer Kinder konnten sogar in Flussgebieten Afrikas ausgewildert werden.

Berühmt war auch Bulettes Vater. Er hieß Knautschke und hatte als einziges Großtier überlebt, als die Stadt Berlin und der Zoo im Zweiten Weltkrieg bombadiert wurden. Er war damals zwei Jahre alt und wurde bald der Liebling der Zoobesucher.

Was gibt es …
… heute zu essen?

Oma braucht dazu …

1 Bund Petersilie, gehackt

2 EL gewürfelte Zwiebel

30 g Butter

4–5 Eier

ca. 375 ml Milch, lauwarm

10 Brötchen vom Vortag

1–2 EL Mehl

Salz

evtl. Semmelbrösel

Salzwasser
zum Kochen

Dazu isst man gerne
ein Pilzragout.

Semmelknödel

Omas Rezept:

Semmelknödel hört sich so richtig bayerisch an. Inzwischen sind sie aber landauf, landab auf vielen Speisekarten zu finden. Auch Oma macht sie oft, obwohl sie eigentlich Kartoffelklöße noch lieber mag. Aber heute kommt ihre Tochter Evi mit ihrer Familie. Die lieben Semmelknödel.

Dazu schneidet Oma Oma schneidet die altbackenen Brötchen in dünne Scheiben. Sie füllt sie in eine Schüssel, salzt sie und übergießt sie mit der Milch. Zugedeckt muss das Ganze jetzt 30 Minuten einziehen.

Dann lässt Oma die Zwiebeln mit der Petersilie in der heißen Butter anschwitzen. Mit den Eiern und etwas Mehl wird das alles zur Teigmasse gegeben und zu einem geschmeidigen Teig verarbeitet. Jetzt braucht der Teig noch etwas Ruhe (ca. 30 Minuten).

Dann kocht Oma im siedenden Salzwasser einen Probeknödel. Wenn er auseinanderfällt, muss sie noch Semmelbrösel unter den Teig mischen.

Wenn der Teig optimal ist, formt Oma mit nassen Händen gleich große Knödel und legt sie ins kochende Salzwasser. Bei reduzierter Hitze lässt sie nun die Knödel etwa 20 Minuten ziehen, bis sie gar sind.

Mit einem Schaumlöffel werden die leckeren Knödel aus dem Wasser geschöpft und am besten sofort serviert.

Omas Tochter Evi mag am liebsten Pfifferlinge in Rahmsoße dazu. Evis Mann Uwe schwört auf einen saftigen Braten mit viel Soße.

Omas Tipp

Manchmal bleiben ein paar Semmelknödel übrig. Dann macht Oma am nächsten Tag ein schmackhaftes Reste-Essen daraus. Sie schneidet die Knödel in Scheiben und brät sie in der Pfanne an. Dazu serviert sie Spiegeleier und Salat. Das schmeckt ganz vorzüglich!

Was sind Serviettenknödel?

Bei dieser Art von Knödeln wird der Teig länglich geformt und in Scheiben geschnitten. Serviettenknödel sind in Böhmen beheimatet und inzwischen in vielen Küchen bekannt.

Wer kennt Tiroler Knödel?

In Tirol fügt man dem Teig noch durchwachsenen Speck hinzu. Darum heißen sie Tiroler Knödel oder Speckknödel.

Gibt es „Semmelnknödeln“?

Nicht wirklich! Aber es gibt einen Sketch mit den Komikern Karl Valentin und Liesl Karlstadt: Die beiden machen sich auf ihre schrullige Art Gedanken darüber, wie denn „Semmelknödel“ in der Mehrzahl heißen würde. Dabei kommen sie auf die lustige Form „Semmelnknödeln“. Grammatikalisch stimmt das natürlich nicht. Aber lustig klingt's, oder?

Nicht jeder kennt die Semmel

Nicht überall im deutschsprachigen Raum weiß man, was eine *Semmel* ist. Diese Bezeichnung für ein Frühstücksbrötchen ist vor allem in Bayern und in Teilen von Sachsen und Thüringen bekannt.
In Schwaben, Baden und im Elsass holt man beim Bäcker *Weckle* zum Frühstück. Im Saarland, in der Pfalz und in Teilen Unterfrankens und Südhessens heißt das Gebäck *Weck.*
Im Westen und Norden Deutschlands kennt man das Wort *Brötchen.*
Nur in Berlin und im Norden Brandenburgs ist die Bezeichnung *Schrippe* üblich.

Wenn man auf Reisen ist und nicht genau weiß, wie die Leute in der Gegend dazu sagen, verlangt man am besten Brötchen. Diese Bezeichnung kennt heute fast jeder.

Was gibt es …
… heute zu essen?

Oma braucht dazu …

½ Zwiebel, fein gewürfelt

1 Knoblauchzehe, durchgepresst

Kräuter, fein gehackt, z. B. Schnittlauch, Petersilie, Dill (was sie gerade im Garten hat)

Pfeffer

Salz

evtl. Paprikapulver

250 g Quark
(20 % Fett)

ca. 5 EL Milch
(oder Joghurt
oder Sahne)

Dazu isst
man gerne
Pellkartoffeln.

Heute gibt es …

Pellkartoffeln mit Quark

Omas Rezept:

Pellkartoffeln mit Quark macht Oma öfters. Es ist ein Essen, das leicht zuzubereiten ist, gut schmeckt und dazu noch gesund ist.

Pellkartoffeln kennt sie noch gut aus ihrer Kindheit. Oma nennt sie Schalkartoffeln, weil sie mit der Schale in Wasser gekocht werden. Manchmal gab es nur Salz oder Milch dazu als Mittagessen, wenn das Geld knapp war.

Heute isst Oma am liebsten Quark dazu. In einer Schüssel mischt sie den Quark und alle anderen Zutaten miteinander und verrührt das Ganze mit einem Schneebesen.

Die Menge an Milch, Joghurt oder Sahne kann variieren, je nachdem, wie dünn oder dick der Quark werden soll.

Und wenn in Omas Garten gerade Radieschen, Gurken oder Paprika reif sind, mischt sie auch mal diese fein gehackt darunter.

Wenn ihre Tochter mit Familie zu Besuch kommt, stellt sie diese Zutaten in Schälchen auf den Tisch. Dann kann jeder nehmen, was er will.

So ein Quark!

Das Wort „Quark“ kommt auch in manchen Redensarten vor.

„So ein Quark!“, sagt man hie und da, wenn einem etwas misslingt. Es gibt noch eine Steigerung davon: *„Quark mit Soße!“* Damit meint man: So ein Schwachsinn!

„Red keinen Quark!“ heißt so viel wie: „Erzähl mir keinen Unsinn.“

Wenn jemand *„nicht aus dem Quark kommt“*, bedeutet das, er trödelt herum, kommt nicht voran oder wird nicht fertig.

Vom Dichter Johann Wolfgang von Goethe stammt der Spruch: *„Getretener Quark wird breit, nicht stark.“* Er will damit sagen: Banales kann auch durch Riesenaufwand nichts Großes werden.

In den Redensarten bedeutet Quark also etwas, das keinen großen Wert hat. Ob das wohl daher kommt, dass Quark heute ein billiges Essen ist?

Wie gesund ist Quark?

Ein geflügeltes Wort sagt: Quark macht stark! Und das trifft auch zu. Quark ist ein guter Eiweißlieferant, gibt also starke Muskeln.

Quark enthält wichtige Mineralien und Vitamine, dazu viele Bausteine für den Zellstoffwechsel in unserem Körper.

Joghurt hat einen höheren Gehalt an Kalzium als Quark. Deshalb ist es gut, wenn man Quark mit Joghurt mischt.

Was ist ein Quarkwickel?

Ein Quarkwickel ist im Gegensatz zum Krautwickel nichts zum Essen, sondern ein altes und bewährtes Hausmittel. Es wirkt abschwellend, schmerzlindernd, entzündungshemmend und kühlend.

Man nimmt ein sauberes, dünnes Tuch aus Baumwolle. Darauf streicht man den kühlen Quark. Das Tuch wird dann eingeschlagen und auf die schmerzende Körperstelle gelegt. Auch der billigste Quark wirkt!

Was gibt es …
… heute zu essen?

Oma braucht dazu …

4 EL Öl

1 Zwiebel, gewürfelt

1 Knoblauchzehe, gehackt

1 Möhre, klein gewürfelt, frisches Gemüse je nach Saison

300 g Hackfleisch

Salz, Pfeffer

½ TL Paprika, edelsüß

italienische Kräuter

500 g Tomaten in Stücken (frisch oder aus der Dose)

2 EL Rotwein

Dazu isst man italienische Nudeln. Besonders beliebt sind Spaghetti.

Heute gibt es …

Fleischsauce (Bologneser Sauce)

Omas Rezept:

Wenn Oma Spaghetti mit Fleischsauce kocht, freut sich die ganze Familie. Ihre Tochter Evi sagt *Bologneser Sauce* dazu. Sie streut immer tüchtig geriebenen Käse darüber.

Zuerst dünstet Oma die Zwiebelwürfel, den Knoblauch und das gewürfelte Gemüse im heißen Öl an.

Dann gibt sie das Hackfleisch hinzu und brät es an, bis es krümelig wird. Anschließend werden die übrigen Zutaten untergemischt.

Bei reduzierter Hitze lässt Oma das Ganze etwa 20 Minuten lang köcheln. Dabei darf sie nicht vergessen, die Sauce ab und zu umzurühren.

„Wer will, kann auch noch Käse drüberstreuen“, sagt ihre Tochter Evi, als das Essen auf dem Tisch steht. „Frisch gerieben schmeckt er am besten“, meint ihr Mann Uwe. „Uns schmeckt's auch ohne Käse!“, rufen die Enkelkinder.

Wer kennt noch den Fleischwolf?

Früher gab es in jedem Haushalt einen Fleischwolf. Oma hat damit das Hackfleisch selber hergestellt. Oben in die Öffnung hat sie die Fleischstücke gefüllt und mit der Handkurbel durchgedreht.

Auch in der Weihnachtsbäckerei kam der Fleischwolf zum Einsatz. Statt Fleisch wurde Teig für Spritzgebäck eingefüllt. Auf die Ausgangsöffnung wurde ein Vorsatz gesteckt, der die verschiedenen Formungen des Gebäcks ermöglichte.

Spaghetti Bolognese

Spaghetti Bolognese (also mit einer Tomaten-Hackfleisch-Soße) gehören zu den Lieblingsgerichten der Deutschen.

Dem Namen nach denken viele, dass es aus der norditalienischen Stadt Bologna stammt. In Italien sucht man die *Spaghetti Bolognese* aber vergeblich auf der Speisekarte. Dafür bestellt man in den Restaurants *ragù alla bolognese*. Es wird mit Pasta serviert, traditionell mit Bandnudeln – Tagliatelle.

Wo haben die Nudeln ihren Ursprung?

Das ist sehr umstritten. Natürlich sehen wir Italien als Inbegriff für Nudeln, für Pasta.

Das älteste Nudelrezept aber ist 4000 Jahre alt und stammt aus China. Auch Griechen und Römer kannten bereits Nudelgerichte. Von den Arabern weiß man, dass sie getrocknete Nudeln auf Karawanenreisen mitnahmen.

Was ist ein „Bologneser“?

Natürlich ein Bewohner der Stadt Bologna, wird jeder denken (italienisch: *bolognesi*). Und das stimmt ja auch.

Aber es gibt auch eine Hunderasse mit diesem Namen. Der Bologneser gehört zu den Bichons (französisch für Schoßhunde) und wird bis zu 4 kg schwer.

Wie seine Verwandten Havaneser, Malteser und Bichon Frisé war der niedliche, gesellige Hund mit seinem wuscheligen Fell früher an vielen Fürstenhöfen anzutreffen. Er war ein beliebtes Geschenk für Kaiser und Könige. Auch die österreichische Kaiserin Maria Theresia und die russische Zarin Katharina die Große hatten Bologneser.

Was gibt es …
… heute zu essen?

Oma braucht dazu …

1 Zwiebel, gewürfelt

1 EL Zucker

1 Apfel, geschält, geviertelt

1–2 TL Kümmel

5 Wacholderbeeren

1 Lorbeerblatt

1 Knoblauchzehe

750 g Sauerkraut

60 g Schweine-
schmalz

ca. ¼ l heißes
Wasser

Dazu isst man
gerne Kasseler und
Kartoffelbrei.

Heute gibt es …

Sauerkraut mit Kasseler

Omas Rezept:

In der kalten Jahreszeit kocht Oma oft Sauerkraut. Dazu setzt Oma einen Topf mit dem Schmalz auf die Herdplatte. Wenn das Fett heiß ist, dünstet sie darin die Zwiebel zusammen mit dem Zucker und den Apfelstücken.

Nach und nach gibt sie dann das Sauerkraut dazu. Oma dünstet es etwa 10 Minuten und wendet es dabei immer wieder.

Jetzt kommen die Gewürze, der Knoblauch und das Wasser dazu. Zugedeckt lässt Oma das Ganze etwa 1 Stunde lang dünsten. Ab und zu schaut sie nach, ob noch genug Flüssigkeit im Topf ist.

Wenn es schnell gehen muss, nimmt Oma Sauerkraut aus der Dose. Das ist schon in 20 bis 30 Minuten gar.

Ihr Schwiegersohn Uwe mag gerne Eisbein oder Schweinebauch dazu. Das kommt dann einfach zum Sauerkraut in den Topf und wird mitgekocht. In diesem Fall lässt Oma das Schmalz und den Apfel weg. Das Sauerkraut mit den übrigen Zutaten wird gekocht, bis das Fleisch gar ist.

Wenn die Enkelkinder da sind, muss Oma daran denken, dass sie keinen Kümmel mögen.

Eeine deutsche Erfindung?

Viele denken, das Sauerkraut stamme aus Deutschland. Das stimmt aber nicht. Sauerkraut gab es bereits im alten China und im antiken Griechenland. Auch die Römer kannten es schon und aßen es zum Beispiel als Heilmittel gegen Kopfschmerzen.

Sauerkraut – selbstgemacht

Oma kennt das noch gut aus ihrer Kinderzeit. Damals haben viele Leute ihr Sauerkraut selbst hergestellt. Man brauchte dazu fein gehobelten Weißkohl, Speisesalz und dazu nach Belieben Kümmel, Wacholderbeeren, Gewürze oder auch Wein.

Schicht um Schicht hat man die Zutaten in Steinguttöpfen oder Holzfässern festgestampft, oft sogar mit den nackten Füßen.

Mit einem sauberen Tuch und einem Brett luftdicht abgedeckt und mit einem großen Stein beschwert, gärte dann der Kohl mehrere Wochen – bis das leckere Sauerkraut fertig war.

Sauerkraut gegen Skorbut

Die größten Feinde der Seefahrer waren früher nicht die Piraten oder die Stürme, sondern es war die Krankheit Skorbut. Auf den langen Seereisen der großen Entdecker starb oft mehr als die Hälfte der Mannschaft an dieser gefürchteten Krankheit.

Erst im 18. Jahrhundert entdeckte ein Arzt in England die Ursache: Mangel an Vitamin C. Der englische Seefahrer James Cook (1728–1779) nahm deshalb Fässer mit Sauerkraut auf seine Fahrten in den Pazifischen Ozean mit. Keiner der Seeleute starb mehr an Skorbut.

Die Sauerkraut-Polka?

Es gibt ein Lied mit dem Titel „Sauerkraut-Polka", das von dem Schlagersänger Gus Backus (Jahrgang 1937) gesungen wurde. Der Refrain darin geht so:

Ich esse gerne Sauerkraut
und tanze gerne Polka,
und meine Frau heißt Edeltraut,
die denkt genau wie ich.
Sie kocht am besten Sauerkraut
und tanzt am besten Polka,
deshalb ist auch die Edeltraut
die beste Frau für mich.

Was gibt es …
… heute zu essen?

Oma braucht dazu …

2 Eier

2 EL Mehl

Salz

750 g Kartoffeln

4 Äpfel

Saft von 1 Zitrone

50 g Zucker

1 Stückchen
Zitronenschale

1 Stückchen
Stangenzimt

reichlich Öl zum
Backen

Heute gibt es …

Kartoffel-puffer mit Apfelmus

Omas Rezept:

Kartoffelpuffer oder Reibekuchen sind nicht nur bei Omas Enkelkindern beliebt. Auch sie selbst macht sich dieses Gericht öfters für sich alleine. Gemeinsam mit der Familie schmeckt es natürlich immer besser.

Die Kartoffeln werden geschält und fein gerieben. Dann mischt Oma die Eier, das Mehl und Salz darunter.

In einer Stielpfanne wird das Öl erhitzt. In das heiße Fett setzt Oma jetzt mit einem Esslöffel die Puffer und streicht sie platt. Bei guter Hitze werden sie auf beiden Seiten braun und knusprig gebacken.

Wenn sie fertig sind, legt Oma sie auf Küchenpapier und lässt das Fett abtropfen. Dann werden sie warm gestellt, bis alle Kartoffelpuffer fertig sind.

Zu den Kartoffelpuffern gibt es heute Apfelmus. Das hat Oma schon vorher frisch zubereitet.

Sie hat die geschälten und geviertelten Äpfel ohne Kerngehäuse in einen Topf gegeben. Mit Stangenzimt, dem Zitronensaft, der Zitronenschale und wenig Wasser hat sie die Äpfel bei geschlossenem Topf weich gedünstet. Zum Schluss hat Oma das Ganze durch ein feines Sieb gestrichen und mit Zucker abgeschmeckt.

Einkehr

Beim Apfelmuskochen geht Oma manchmal das schöne Gedicht „Einkehr“ von Ludwig Uhland durch den Kopf. Sie kann es noch auswendig. Es handelt von einem Apfelbaum und beginnt so:

Bei einem Wirte wundermild,
da war ich jüngst zu Gaste.
Ein goldner Apfel war sein Schild
an einem langen Aste.

Wer weiß, wie das Gedicht weitergeht?
(Die Fortsetzung ist im Anhang zu finden.)

Dies ist eine Geschichte aus Omas Lesebuch:

Das Märchen vom guten Kartoffelkönig

Vor langer Zeit stand im Keller eines alten Hauses eine Holzkiste. Darin lagen viele große Kartoffeln. Aber eine davon war besonders groß und prächtig. Es war der Kartoffelkönig.

Eines Tages kam die Großmutter in den Keller. Sie wollte für das Mittagessen Kartoffeln holen. Dabei landete auch der Kartoffelkönig in ihrem Körbchen.

Der aber schrie lauthals: „Ich will nicht aufgegessen werden! Ich bin doch der große Kartoffelkönig." Und ehe sich die Großmutter versah, war er aus dem Körbchen gesprungen und flugs davongelaufen.

Da begegnete ihm der Igel. Dieser sagte zu ihm: „Halt, dicke Kartoffel! Warte ein Weilchen! Ich will dich zum Frühstück aufessen."

„Nein, auf keinen Fall!", rief der Kartoffelkönig. „Ich bin der Großmutter entkommen, und du, Igel Stachelfell, kriegst mich auch nicht!" Und hurtig rollte er weiter in den Wald hinein.

Kurz darauf traf er ein Wildschwein. Dieses grunzte: „Halt, dicke Kartoffel! Ich will dich geschwind aufessen."

„Das fehlte noch!", rief der Kartoffelkönig. „Ich bin der Großmutter entlaufen, dem Igel Stachelfell entwischt, und du, Wildschwein Grunznickel, kriegst mich auch nicht!" Und flugs rollte er weiter durch den Wald.

Darauf begegnete er noch dem Hasen Langohr und der Hexe Tannenmütterchen. Auch die wollten ihn fangen und aufessen.

Aber der große Kartoffelkönig ließ sich nicht erweichen. Schließlich war er bereits der Großmutter entlaufen, dem Igel Stachelfell und dem Wildschwein Grunznickel entkommen. Warum sollte er sich jetzt vom Hasen Langohr oder der Hexe Tannenmütterchen aufessen lassen.

„Nein und nochmals nein!", rief er, „Ihr kriegt mich auch nicht!"

Da kamen zwei arme Kinder des Weges. Sie hatten großen Hunger. Als sie die dicke Kartoffel sahen, meinten sie: „Ach, wenn wir die essen könnten, wären wir endlich einmal wieder richtig satt!"

Als der große Kartoffelkönig das hörte, hatte er Mitleid mit den Kindern. Flugs sprang er in ihr Körbchen. Und die Mutter machte daraus leckere Kartoffelpuffer.

Was gibt es …
… heute zu essen?

Oma braucht dazu …

1 kg Zwiebeln, in halbe Ringe geschnitten

3 Knoblauchzehen, fein gehackt

3 TL Tomatenmark

2 rote Paprika, in Stücke geschnitten

2 TL schwarfes Paprikapulver

2 TL Paprikapulver,
edelsüß

¼ l Rotwein

1 kg Rindfleisch,
in große Würfel
geschnitten

Butterschmalz
oder Öl

Salz

Kümmel, zerstoßen

Heute gibt es …

Ungarisches Gulasch

Omas Rezept:

Wenn Oma richtig Lust auf Fleisch und ein deftiges Gericht hat, kocht sie Gulasch. Und damit sich der Aufwand auch lohnt, lädt sie dazu ihre Familie ein. Denn Gulasch kochen braucht viel Zeit!

In einem Schmortopf mit heißem Öl brät Oma die Fleischwürfel nach und nach scharf an. Sie nimmt sie danach heraus und stellt sie beiseite.

Jetzt lässt Oma die halben Zwiebelringe und den Knoblauch darin anschwitzen und rührt das Tomatenmark unter. Über die Zwiebelringe streut sie die beiden Paprikapulversorten und löscht das Ganze mit dem Rotwein ab. Dann rührt sie die Zwiebeln immer wieder, bis die Flüssigkeit verdampft ist.

Nun schüttet Oma die angebratenen Fleischstücke und die Paprikastücke dazu, würzt mit Salz und Kümmel und mischt alles gut durch.

Jetzt kommt der Deckel auf den Schmortopf. Bei schwacher Hitze darf das Fleisch im eigenen Saft schmoren. Ab und zu rührt Oma um, damit nichts anbrennt. Nach etwa zwei Stunden ist das Gulasch gar.

Und was gibt es dazu? Oma mag gern Salzkartoffeln dazu. Aber Semmelknödel passen auch gut.

Woher stammt Paprika?

Natürlich ebenfalls aus Ungarn, werden die meisten sagen! Wer erinnert sich nicht an Fred Raymonds Operette „Maske in Blau“ und an das Lied:

Die Juliska, die Juliska
von Buda-Budapest,
die hat ein Herz voll Paprika,
das kein' in Ruhe lässt!

Marika Rökk hat es in der Verfilmung der bekannten Operette gesungen, die 1953 in die Kinos kam. Ihr Filmpartner war Paul Hubschmid.

Und doch stammt Paprika nicht aus Ungarn. In der Suppe der ungarischen Hirten war ursprünglich keine Paprika drin. Die stammt nämlich aus Mittel- und Südamerika und kam erst nach der Entdeckung Amerikas durch Christoph Kolumbus (1492) nach Europa.

In Spanien hieß Paprika auch „Schwarzer Pfeffer“. Pfeffer kam damals aus Indien. Und der Seefahrer Kolumbus hatte ja eigentlich einen neuen Seeweg nach Indien gesucht und war dabei in Amerika gelandet.

Das Gulasch oder der Gulasch?

Im Duden sind beide Artikel zugelassen. Je nach Region ist die eine oder die andere Form üblich. Oma sagt immer „der Gulasch“. In Österreich ist allerdings nur „das Gulasch“ gebräuchlich.

Woher kommt Gulasch?

Natürlich aus Ungarn! Es hat seinen Ursprung bereits im Mittelalter. Ungarische Hirten haben es am offenen Feuer zubereitet. Damals war es eine einfache Suppe aus geröstetem Fleisch und vielen Zwiebeln.

Gulasch-Redensarten

Ein österreichisches Sprichwort sagt: „Aufgewärmt ist nur ein Gulasch gut.“ Soll heißen: Wärme keine alten Geschichten auf!

Eine umgangssprachliche Redensart lautet: „Gulasch aus jemandem machen“. Das ist zum Glück meistens scherzhaft gemeint und bedeutet so viel wie: Den nehme ich in die Mangel, oder: Der kriegt eine Tracht Prügel.

Wer kennt eine Gulaschkanone?

Zum Glück wird damit nicht geschossen. So nennt man einen Feldkochherd. Er wurde im Ersten Weltkrieg vom Militär verwendet und kommt heute noch zum Einsatz.

Was gibt es …
… heute zu essen?

Oma braucht dazu …

½ Zwiebel, gewürfelt

½ Bund Petersilie, gehackt

1 Knoblauchzehe

½ Brötchen, eingeweicht

1 EL Butter

1 Ei

1 TL Senf

Salz, Pfeffer, Paprika edelsüß

1 Kopf Weißkohl

250 g Hackfleisch

<u>Zum Dünsten:</u>

2 EL Öl

½ Zwiebel, gehackt

1 TL Tomatenmark

¼ l Fleischbrühe

1 Prise Kümmel, zerstoßen

Heute gibt es …

Kohlrouladen (Krautwickel)

Omas Rezept:

Omas Kohlrouladen sind in der ganzen Familie beliebt. Sie machen viel Arbeit, schmecken aber köstlich. Zuerst putzt Oma den Kohlkopf und schneidet den Strunk ab. Dann wird er ca. 20 Minuten in einem hohen Topf mit wenig Salzwasser gedämpft, bis sich die Blätter einzeln ablösen lassen. Jetzt braust Oma den Kohlkopf mit kaltem Wasser ab und lässt ihn abtropfen.

Für die Fleischfüllung hat Oma das Hackfleisch gesalzen und gut durchgeknetet. Die Zwiebel wurde mit der Petersilie in der heißen Butter glasig geschwitzt. Das Ganze mischt Oma zusammen mit dem Knoblauch, dem Ei und der Semmel unter das Hackfleisch. Mit Senf, Pfeffer und Paprika würzt sie die Füllung.

Auf ein großes Kohlblatt wird ein kleines gelegt und mit 1 EL Fleischfüllung belegt. Die Ränder werden eingeschlagen, die Blätter aufgerollt und mit Küchengarn zugebunden.

In einem Schmortopf erhitzt Oma das Öl und brät die Rouladen rundum an. Sie nimmt sie heraus und stellt sie warm. Im gleichen Fett wird die Zwiebel zusammen mit dem Tomatenmark angeschwitzt. Jetzt kommt die Brühe dazu, dann die Gewürze. Die Rouladen werden hineingelegt und ca. 30 Minuten bei schwacher Hitze gedünstet. Dabei dreht Oma sie einmal um.

Wer kennt sich mit Kohlsorten aus?

1. Rätsel:
Man kann ihn kochen, braten, überbacken oder frittieren. Er ist leicht verdaulich. Gegart und püriert können ihn sogar Babys essen.
(Blumenkohl)

2. Rätsel:
Man nennt ihn auch Brüsseler Kohl, weil er ursprünglich aus Brüssel kommt. Manche mögen ihn nicht, weil er so intensiv schmeckt. Dafür hat er mehr Vitamin C als alle anderen Kohlsorten.
(Rosenkohl)

3. Rätsel:
Früher galt er als Arme-Leute-Essen. Heute ist er sogar bei den Sterne-Köchen beliebt. Er ist sehr gesund, enthält viel Vitamin C, Eisen, Eiweiß und Magnesium und dazu noch Vitamin B6 für unsere Nerven.
(Wirsingkohl/Wirsing)

4. Rätsel:
Dieser Kohl wird nach seiner Farbe benannt. Es gibt ihn oft zu Enten- oder Schweinebraten. Auch als Salat

schmeckt er prima. Er ist gesund und wirkt zellschützend.
(Rotkohl/Rotkraut/Blaukraut)

5. Rätsel:
Er ist Deutschlands meistverkaufte Kohlsorte. Er gilt als Wintergemüse, wird aber bereits ab April angebaut. Dieser Kohl lässt sich lange lagern. Übrigens: Auch er hat seinen Namen von seiner Farbe.
(Weißkohl/Weißkraut)

6. Rätsel:
Noch eine Sorte, die ihren Namen von ihrer Farbe hat: Man hält diesen Kohl für typisch deutsch. Aber schon die Römer haben ihn gegessen. Er zählt bei uns zu den Wintergemüsen. Bei Kälte entwickelt er einen leicht süßlichen Geschmack.
(Grünkohl/Grünkraut)

7. Rätsel:
Bei diesem Kohl werden weder die Blüten noch die Blätter gegessen. Wir halten uns lieber an den verdickten Hauptstängel. In Scheiben oder Stifte geschnitten, schmeckt er roh oder gekocht. Es gibt hellgrüne und violette Sorten.
(Kohlrabi)

Was gibt es …
… heute zu essen?

Oma braucht dazu …

3 EL Öl

½ Zwiebel, fein gewürfelt

1 Knoblauchzehe,
fein gewürfelt

1 kg Tomaten

Salz

Pfeffer

1 Prise Zucker

ein paar Blättchen
Basilikum

1 kl. Zweig Thymian

½ l Gemüsebrühe

20 g Butter-
flöckchen

4 EL Sahne,
steif geschlagen

Heute gibt es …

Tomatensuppe italienische Art

Omas Rezept:

Tomatensuppe ist eigentlich leicht zu kochen. Aber man sollte sich dazu Zeit nehmen, damit sie nachher auch gut schmeckt. „Die muss man mit Liebe kochen“, meint Oma, „mit viel *amore*!“ Seit sie im Urlaub in Italien war, kocht sie ihre Tomatensuppe immer auf italienische Art.

Im Suppentopf erhitzt Oma das Öl und lässt darin die Zwiebeln und den Knoblauch anschwitzen. Dann gibt sie die halbierten Tomaten, Salz, Pfeffer, Zucker und die Kräuter dazu.

Das Ganze wird jetzt 20 Minuten gedünstet. Oma rührt öfter mal um, damit nichts anbrennt. Dann gießt sie die Brühe dazu und lässt sie 5 Minuten aufkochen.

Jetzt wird alles durch ein Sieb passiert. Die Butterflöckchen lässt Oma in der Suppe schmelzen, ohne sie nochmals zu kochen.

Im Teller kommt noch ein Sahnehäubchen und ein Blatt Basilikum auf die Suppe. Sieht das nicht lecker aus?

Die Geschichte von der blauen Tomate

Das Tomatenfräulein Agathe unterschied sich in nichts von allen anderen Tomaten, die im Garten des Schneidermeisters Webermann wuchsen. Aber das war es ja gerade, was die kleine Tomate so ärgerte. Und wäre sie von Natur aus nicht schon rot gewesen, gewiss wäre sie jetzt rot geworden vor Wut und Zorn.

„Ach, wenn ich nur anders aussehen könnte als die anderen Tomaten!“, seufzte sie immer wieder. „Dummes Ding!“, polterte eine dicke Fleischtomate nebenan los. „Was bildest du dir eigentlich ein?“

Das unzufriedene Tomatenfräulein Agathe ließ sich nicht beirren. „Blöde Verwandtschaft!“, fauchte sie und träumte weiter vom Anderssein.

„Versuch's doch mal bei Professor Tomatini!“, schlug die kleine Partytomate Milly vor. „Vielleicht macht er ein Tomatenkunstwerk aus dir?“

Das ließ sich Agathe nicht zweimal sagen. Der Kunstprofessor hatte tatsächlich eine famose Idee. Er malte das Tomatenfräulein blau an.

„Endlich sehe ich anders aus!“, jubelte Agathe. Und hochmütig schaute sie fortan auf ihre gewöhnliche Verwandtschaft herab.

Wer hat eine Idee, wie die Geschichte enden könnte? (Eine mögliche Lösung steht im Anhang.)

Woher kommt die Tomate?

Die Tomate stammt ursprünglich aus Peru und Mexiko. Dort wurde sie von den Indianern schon seit 200 v. Chr. gezüchtet. Nach Europa kam die Gemüsepflanze wahrscheinlich durch den Seefahrer und Entdecker Kolumbus. Im 17. und 18. Jahrhundert galt sie in Europa als reine Zierpflanze. In Deutschland wurde sie erst um 1900 als Lebensmittel bekannt. Vor allem im Süden wurde sie für Soßen, Suppen und Salate verwendet.

Früher nannte man die Tomate auch Liebesapfel oder Paradiesapfel. In Österreich und Südtirol sagt man heute noch Paradeiser dazu.

Was wir als Tomate essen, sind die Früchte der Pflanze. Botanisch korrekt sind es sind eigentlich Beeren. Wie Kartoffel und Paprika zählt die Tomate zu den Nachtschattengewächsen.

Was gibt es …
… heute zu essen?

Oma braucht dazu …

1–2 Eier

Salz

Pfeffer

etwas Sahne oder
Milch

4 Schweine-
schnitzel
(aus der Oberschale)

Semmelbrösel

Öl zum Braten

1 Zitrone

Dazu isst
man gerne
Kartoffelsalat oder
Pommes Frites.

Paniertes Schnitzel Wiener Art

Omas Rezept:

Wer kennt dieses Gericht nicht: Schni-po-sa? Schnitzel mit Pommes, dazu noch Salat! Oma muss es oft kochen, wenn ihre Tochter Evi mit der Familie zu Besuch kommt.

Die Schnitzel werden kurz gewaschen und mit Küchenpapier abgetupft. Wenn sie zu dick sind, klopft Oma sie gleichmäßig flach.

In einem Teller hat Oma die Eier verquirlt, mit etwas Sahne oder Milch vermischt und mit Pfeffer und Salz gewürzt. In einen zweiten Teller hat sie fingerdick die Semmelbrösel geschüttet. Zunächst werden die Schnitzel im ersten Teller gewendet, dann im zweiten. Die Semmelbrösel werden dabei etwas angedrückt, damit sie gut haften. Früher hat Oma die Schnitzel zuerst in Mehl gewendet. Das macht sie heute nicht mehr.

Jetzt kommen die Schnitzel in die Pfanne mit dem heißen Öl. Oma achtet darauf, dass reichlich Öl in der Pfanne ist. „Sonst werden die Schnitzel zu dunkel und zäh!“, meint sie. Auf beiden Seiten werden die Schnitzel jetzt goldbraun ausgebacken. Oma schaltet dabei die Temperatur zurück.

Die fertigen Schnitzel werden mit Zitronenscheiben garniert. Dazu isst sie gerne Kartoffelsalat. Ihre Enkelkinder lieben dazu Pommes.

Das Original Wiener Schnitzel

Der Name „Wiener Schnitzel“ taucht erstmals im 19. Jahrhundert in Kochbüchern auf. Für das echte Wiener Schnitzel wird Kalbfleisch verwendet, etwa 4 Millimeter dünn und nur leicht geklopft. In der Wiener Küche wird es auch in Mehl gewendet. Die Semmelbrösel dürfen nicht angedrückt werden, damit die Panade trocken bleibt.

Eine Schnitzel-Legende

Der berühmte österreichische Feldmarschall Johann Joseph Wenzel Anton Franz Karl Graf Radetzky von Radetz (1766–1858) war ein Adliger aus Böhmen. Er soll, der Legende nach, das Rezept für das Wiener Schnitzel 1857 von einem Feldzug aus Italien an den Wiener Hof mitgebracht haben.

Heute weiß man, dass diese Legende nicht wahr ist. Bereits 1831 tauchte der Begriff *Wiener Schnitzel* in einem Kochbuch auf.

Aber berühmt wurde dieser Feldmarschall trotzdem. Der österreichische Kapellmeister Johann Strauss widmete ihm einen Marsch – den „Radetzky-Marsch“, der auch heute noch oft gespielt wird.

Eine Speise nur für Festtage?

Früher war das Wiener Schnitzel eine Speise, die es nur an Festtagen wie Weihnachten, Neujahr oder zu Hochzeiten gab. Erst als statt Kalbfleisch das billigere Schweinefleisch verwendet wurde, kam es öfter auf den Tisch und war auch für einfachere Leute erschwinglich.

Heute findet man es oft in beiden Variationen auf den Speisekarten der Gasthäuser.

Pommes frites aus Frankreich?

Viele meinen, die Pommes frites stammen aus Frankreich. Das stimmt nicht. Ursprünglich kommen sie aus Belgien. Vor allem ärmere Einwohner sollen dort Fische in der Maas gefangen und frittiert gegessen haben. Im Winter, wenn der Fluss zugefroren war und das Angeln unmöglich wurde, schnitten sie Fischformen aus Kartoffeln und frittierten sie. Das war der Ursprung der Pommes frites, die heute überall angeboten werden.

Was gibt es …
… heute zu essen?

Oma braucht dazu …

1 Apfel (groß)

1 Zwiebel (groß)

3 Lorbeerblätter

15 Wacholder-
beeren

1 Schuss Essig

Pfeffer (schwarz)

3 Essiggurken

10 Heringfilets

500 ml Sahne
alternativ: 250 ml Sahne + 250 ml Joghurt, Sauerrahm oder Schmand

Dazu isst man gerne Pellkartoffeln.

Heute gibt es ...

Eingelegte Sahneheringe mit Pellkartoffeln

Omas Rezept:

Seit Oma vor ein paar Jahren auf der Nordseeinsel Langeoog war, kocht sie öfter Fischgerichte als früher. Als „Landratte“ kannte sie vorher wenig davon.

Die Sahneheringe, die es heute gibt, hat sie schon vor zwei Tagen vorbereitet. Sie hat die Filets etwa 1 Stunde in Mineralwasser gelegt. In eine Schüssel gibt sie dann den geschälten und in Stücke geteilten Apfel. Danach kommen die Zwiebelringe dazu, dann die Wacholderbeeren und die Lorbeerblätter, alles schön geschichtet.

Jetzt gießt Oma die Sahne darüber, bis alles bedeckt ist. Zum Schluss streut sie eine dicke Schicht schwarzen Pfeffer darauf mit einem Schuss Essig.
Die abgedeckte Schüssel hat sie in den Kühlschrank gestellt. Die Sahneheringe brauchen nämlich 1 bis 2 Tage, bis sie gut durchzogen sind. Dann schmecken sie erst richtig gut, am besten mit Pellkartoffeln!
Heute freut sich Oma auf das leckere Fischgericht und denkt dabei an die schönen Tage auf Langeoog zurück.

Im Guinness-Buch der Rekorde

Heringe stehen im Guinness-Buch der Rekorde! In den Weltmeeren gibt es wohl keine Fischart, die häufiger vorkommt. Die riesigen Schwärme schimmern silbrig und werden deshalb auch als „Silber des Meeres“ bezeichnet.
Für die Hanse war der Hering ein wichtiges Handelsgut. Die Hanse kennen wir heute vor allem in Verbindung mit den Hansestädten wie Hamburg, Bremen, Lübeck, Rostock u. a. Die Deutsche Hanse war eine Vereinigung niederdeutscher Kaufleute und von Mitte des 12. bis Mitte des 17. Jahrhunderts eine große wirtschaftliche und politische Macht.

Ein „Arme-Leute-Essen“

Der Atlantische Hering kam bis ins 20. Jh. hinein so häufig vor, dass er billig angeboten werden konnte. Deshalb galt er in vielen Gegenden als „Arme-Leute-Essen“.
Heute haben die Heringsbestände deutlich abgenommen. Schuld daran sind die zu starke Befischung und die ökologischen Probleme in der Ostsee. So kommt es, dass Fisch heute allgemein viel teurer geworden ist. Dabei ist er sehr gesund!

Rätsel: Was sind das für Heringe?

Frische Heringe, die nicht eingelegt wurden?
(Grüne Heringe: Sie werden gebraten und mit Bratkartoffeln und gebratenen Zwiebelringen serviert.)

Heringe, die gebraten und anschließend süß-sauer mariniert wurden?
(Bratheringe)

Heringe, die mit Kopf heiß geräuchert wurden?
(Bücklinge)

Heringe, die in Salz oder Salzlake gelagert wurden?
(Salzheringe: Sie müssen vor dem Zubereiten gewässert werden.)

Junge Heringe, die von Ende Mai bis Anfang Juni vor der Fortpflanzungszeit gefangen wurden?
(Matjes)

Heringslappen, die in einer sauren Marinade eingelegt wurden?
(Bismarckheringe, auch als Rollmöpse im Handel.)

Was gibt es …
… heute zu essen?

Oma braucht dazu …

50 g Butter

30 g Mehl

¼ l Wasser

125 g Morcheln (getrocknet)

1 Bund Petersilie

Salz

1 Prise Zucker

Muskat

500 g Möhren

300 g Erbsen

250 g Spargel

250 g Blumen-
kohl

3 EL Sahne

Heute gibt es …

Leipziger Allerlei

Omas Rezept:

Viele kennen die Bezeichnung Leipziger Allerlei heute nur noch als fertige Gemüsemischung mit Möhren, Erbsen und einigen Spargelstücken aus der Dose. Oma weiß noch, wie dieses Gericht mit frischem Gemüse zubereitet wird.

Sie putzt die Möhren und schneidet sie in Scheiben. Den geputzten Blumenkohl teilt sie in Röschen. Der Spargel wird geschält und in Stücke geschnitten. Dann kocht Oma das Wasser mit 1 EL Butter, etwas Salz und Zucker auf und gibt die Möhren hinein. Nach 5 Minuten kommen Blumenkohl und Spargel dazu. Nach weiteren 10 Minuten die Erbsen. 10 Minuten danach lässt Oma das Gemüse abtropfen, das Gemüsewasser hebt sie auf.

Die Morcheln hat sie in lauwarmem Wasser eingeweicht. Auch das Pilzwasser hebt sie auf. Jetzt erhitzt Oma die restliche Butter im Topf und lässt das Mehl darin goldgelb anschwitzen. Dann kommen Gemüse- und Pilzwasser dazu.

Nun noch aufkochen lassen, mit Muskat würzen, Sahne, Gemüse und Pilze zufügen. Das Leipziger Allerlei erhitzt sie nochmals, lässt es aber nicht mehr kochen. Zuletzt dekoriert sie das Gemüse mit frischer Petersilie. Sieht das nicht lecker aus?
Guten Appetit!

Woher kommt Leipziger Allerlei?

Natürlich aus der Gegend um Leipzig, wie es der Name bereits sagt. Erstmals erwähnt wird es in einem Leipziger Kochbuch aus dem Jahr 1745. Ursprünglich galt es als „Arme-Leute-Essen“, denn die Zutaten waren kostengünstig. Gemüse gab es im fruchtbaren Ackerland im Flussgebiet der Pleiße genug und der Auwald war reich an Pilzen.

Heute gelten die Zutaten als Delikatesse, vor allem der weiße Spargel.

Morcheln oder Lorcheln?

Beides sind Pilze. Klingen ähnlich und sehen auch ähnlich aus! Aber das Verwechseln kann tödlich enden!
Im Originalrezept wurden als Zutat Lorcheln statt Morcheln angegeben. Aber das mit den Lorcheln ist so eine Sache. Diese Pilze können bei zu kurzer Garzeit schwere Vergiftungen hervorrufen. Daher wurden sie in späteren Rezepten durch ungiftige Spitzmorcheln ersetzt.

Welche Gemüsesorten gehören dazu?

Traditionell gehören Möhren, Erbsen, Spargel und Blumenkohl zum Leipziger Allerlei. In manchen Rezepten finden wir heute auch noch Bohnen und Kohlrabi. Früher hat man bei der Zubereitung jedes Gemüse einzeln gegart. Der Eigengeschmack sollte so erhalten bleiben. Bei den heutigen Herden mit nur vier Kochstellen ist das schwierig.

Eine Leipziger Legende

Zum Leipziger Allerlei gibt es auch eine Legende. Nach den napoleonischen Kriegen (1803 – 1815) soll Malthus Hempel, der Stadtschreiber von Leipzig, um die Stadt vor Bettlern und Steuereintreibern zu schützen, folgenden Vorschlag gemacht haben:

„Verstecken wir den Speck und bringen nur noch Gemüse auf den Tisch, sonntags vielleicht ein Stückchen Mettwurst oder ein Krebslein aus der Pleiße dazu. Und wer kommt und etwas will, der bekommt statt Fleisch ein Schälchen Gemüsebrühe, und all die Bettler und Steuereintreiber werden sich nach Halle oder Dresden orientieren.“

Ob der Plan wohl gelang?

Was gibt es …
… heute zu essen?

Oma braucht dazu …

4 Scheiben Zitrone

Zitronensaft

Petersilie

100 g Semmelbrösel

2 Eier

2 EL Milch

Salz

Pfeffer

4 Portionen
Fischfilet

Mehl

zum Ausbacken:
Pflanzenfett
oder Öl

Heute gibt es …

Paniertes Fischfilet

Omas Rezept:

Fisch ist gesund! Das weiß nicht nur Oma. Sie mag Fisch in vielen Variationen, z.B. Hering mit Sahne und Pellkartoffeln. Doch heute gibt es panierte Fischfilets.

Zuerst beträufelt Oma die Fischfilets mit Zitronensaft. Danach werden sie mit Salz und Pfeffer gewürzt.

Oma hat drei Teller vorbereitet. Im ersten ist Mehl, im zweiten sind die mit Milch und Salz verrührten Eier, im dritten die Semmelbrösel.
Die Fischfilets werden nacheinander im Mehl, in der Eimasse und in den Semmelbröseln gewendet.

Oma hat in einer Stielpfanne das Fett (Öl) erhitzt. Darin werden jetzt die panierten Fischfilets goldbraun ausgebacken.

Zum Schluss lässt Oma sie auf Küchenpapier abtropfen und richtet sie auf einer warmen Platte an. Damit alles auch lecker aussieht, garniert sie die Filets mit den Zitronenscheiben und der Petersilie.

Und was gibt es dazu? Oma mag am liebsten Kartoffelsalat dazu, vielleicht sogar mit ein paar Gurkenscheiben drin. Und wenn sie Besuch hat, gibt es auch noch Feldsalat.

Wer kennt sich mit Fischen aus?

Man unterscheidet *Seefische* und *Süßwasserfische*. Seefische leben im Meer, Süßwasserfische in Flüssen.

Zu den *Seefischen* zählen zum Beispiel:

- Der *Aal* – er ist ein Wanderfisch, der zum Laichen in die Flüsse wandert.
- Der *Heilbutt* ist ein Plattfisch. Er kommt im Märchen „Vom Fischer und seiner Frau" vor.
- Der *Hering* ist bei uns sehr beliebt. Er schmeckt auch als Rollmops oder geräuchert als Bückling.
- Den *Kabeljau*, auch Dorsch genannt, gibt es in Südeuropa auch getrocknet als Stockfisch.
- Der *Rotbarsch* verdankt seinen Namen seiner roten Haut. Sein Fleisch aber ist ganz hell.
- Die *Scholle* ist ein Plattfisch. In der Kultsendung „Dinner for One", die immer an Silvester im Fernsehen läuft, serviert der Butler James für Miss Sophie eine Scholle.
- Der *Thunfisch* hat viel Omega-3-Fettsäuren. Beliebt ist er auch als Sushi.

Bekannte *Süßwasserfische* sind zum Beispiel:

- Der *Lachs,* er gehört wie der Aal zu den Wanderfischen.
- Der *Flussbarsch* ist als Speisefisch sehr beliebt. Er ist mager und hat wenig Gräten.
- In Deutschland am beliebtesten ist die *Forelle.* Sie wird auch in vielen Liedern besungen.
- Der *Hecht* ist ein Raubfisch. In einem Sprichwort heißt es: „Er wütet wie ein Hecht im Karpfenteich".
- Der *Karpfen* ist vielerorts ein Klassiker beim Festmenü an Weihnachten und Silvester.
- Immer beliebter auf den Speisekarten wird der schmackhafte *Zander.*

Vom Fischer und seiner Frau

In einer armseligen Hütte am Meer lebten einst ein Fischer und seine Frau. Eines Tages zappelte ein Butt an der Angel. Der aber schrie: „Lass mich am Leben! Ich bin ein verwünschter Prinz."

Der Fischer erschrak und warf den Fisch ins Meer zurück.

Daheim erzählte er seiner Frau von diesem Vorfall. „Du Dummkopf!", schalt sie, „Warum hast du dir nichts gewünscht? Geh sofort zurück und wünsch uns ein größeres Haus!"

Der arme Fischer ging ans Ufer und rief:
„Manntje, Manntje, Timpe Te,
Buttje, Buttje in der See,
meine Frau, die Ilsebill,
will nicht so, wie ich wohl will."

Da kam der Butt angeschwommen und fragte: „Na, was will sie denn?"

„Ach", sagte der Fischer, „sie will ein größeres Haus."

Ob der Wunsch wohl in Erfüllung ging?

(Die Fortsetzung des Märchens ist im Anhang zu finden.)

Was gibt es …
… heute zu essen?

Oma braucht dazu …

250 g Butter oder Margarine

250 g Zucker

6 Eier, getrennt

1 EL Kirsch-
wasser

1 TL Zimt,
gemahlen

¼ l warme Milch

1 kg Süßkirschen,
entsteint

8 altbackene
Brötchen,
gewürfelt

eine Schüssel mit
Vanillesoße

Heute gibt es …

Kirsch-auflauf

Omas Rezept:

Oma ist in einer obstreichen Gegend aufgewachsen. Wenn die Kirschen reif waren, hatten die Kinder riesigen Spaß beim Kirschkern-Weitspucken. Kirschen sind noch heute Omas Lieblingsobst. Sie sind gesund und schmecken köstlich.

Natürlich muss es in der Kirschenzeit auch Omas Kirschauflauf geben. Vor allem, wenn ein paar altbackene Brötchen übrig sind, die niemand mehr essen mag. Die weicht Oma dann in der warmen Milch ein und zerdrückt sie zu einem Brei. Den Zucker, die Butter und die 6 Eigelb rührt sie schaumig. Dann fügt sie den Brötchenbrei hinzu, das Kirschwasser, reichlich Zimt und die entsteinten Kirschen.
Zum Schluss hebt Oma vorsichtig den steif geschlagenen Eischnee unter. Das Ganze kommt in eine Springform, die sie gut eingefettet und mit Semmelbröseln ausgestreut hat.

Und dann ab in den Backofen. Wie lange? Bei „guter Hitze“ etwa eine Stunde! Was ist „gute Hitze“? Na, so zwischen 200 und 220 Grad.

Omas Tochter Evi redet ihr immer ein, dass sie das Kirschwasser weglassen soll. Wenn ihre Enkel da sind, tut Oma das auch. Aber sonst nimmt sie auch mal gern drei Esslöffel. Ihr Schwiegersohn Uwe mag das auch.

Dieses Gedicht kennt Oma aus der Kinderzeit:

Rote Kirschen ess ich gern

Rote Kirschen ess ich gern,
schwarze noch viel lieber.
In die Schule geh ich gern
alle Tage wieder.

Hier wird Platz gemacht
für die jungen Damen!
Sitzt ein Kuckuck auf dem Dach,
kommt der Regen, macht ihn nass.
Kommt der liebe Sonnenschein:
Diese Dame soll es sein.

In manchen Gegenden wurde so gereimt:

Rote Kirschen ess ich gern,
schwarze noch viel lieber.
Fahren mit der Extrapost,
wenn es tausend Taler kost'.
Tausend Taler ist kein Geld,
wenn es meinem Schatz gefällt.
Schätzchen hier, Schätzchen da,
Schätzchen in Amerika.

Omas Kirschkernkissen

Kirschkerne sind nicht nur gut zum Weitspucken zu gebrauchen. Sie eignen sich auch hervorragend für ein Wärmekissen. Dieses Kissen ist nicht mit Federn, sondern mit Kirschkernen gefüllt. Man kann es leicht in der Mikrowelle oder im Backofen erwärmen und dann auf die schmerzende Körperstelle legen, zum Beispiel auf den Nacken. Die Kerne geben ihre Wärme langsam ab und lösen dabei die Verspannung.

Ins Eisfach gelegt, lässt sich das Kissen aber auch als Kühlmittel verwenden, zum Beispiel bei Prellungen oder Verstauchungen.

Kirschen in Nachbars Garten

Der Lausbub Heiner saß eines Tages auf dem Kirschbaum des Nachbarn und naschte von den süßen Früchten. Plötzlich stand der Nachbar unter dem Baum und rief: „Komm sofort runter, sonst sage ich es deinem Vater!“

„Das können Sie ihm gleich sagen“, antwortete Heiner seelenruhig, „der sitzt nämlich drei Äste über mir!“

Was gibt es …
… heute zu essen?

Oma braucht dazu …

5 große, mürbe Äpfel

60 g Zucker

<u>Für den Teig:</u>

120 g Mehl

1 Prise Salz

1 TL Öl

40 g Zucker

1/8 l Bier

4 Eiweiß

<u>**Zum Ausbacken:**</u>

Öl

<u>**Zum Bestreuen:**</u>

60 g Zucker

Apfelküchle

Omas Rezept:

Apfelküchle hat Oma schon als Kind gern gegessen. Auch heute macht Oma sie noch nach dem Rezept aus dem alten Kochbuch, das ihre Oma schon hatte.

Zunächst schält sie die Äpfel und schneidet sie in dicke Scheiben (¾ cm). Die werden vom Kerngehäuse befreit und mit Zucker bestreut. Dann lässt Oma sie etwa 1 Stunde durchziehen.

Dann stellt sie dann den Teig her. Dazu vermengt sie das Mehl, das Salz, den Zucker, das Öl und das Bier zu einem dickflüssigen Teig. Am Schluss zieht sie den steifen Eierschnee darunter.

Nun taucht Oma die Apfelscheiben in den Teig und legt sie vorsichtig in das heiße Öl. Wenn sie braun gebacken sind, werden sie auf einem Küchenpapier abgetropft und danach gezuckert. Mit Zimt vermischter Zucker schmeckt auch gut dazu.

Ihre eigene Oma hat statt Öl Backfett genommen und die Küchle dann auf Brotscheiben entfettet.

Jetzt sollten die Apfelküchle sofort serviert werden. Denn frisch gebacken schmecken sie am besten!

Wenn Omas Enkelkinder zu Besuch da sind, ersetzt sie das Bier durch Milch. Da achtet ihre Tochter Evi drauf. Aber das würde Oma sowieso machen. Und Uwe isst sie auch mit Milch, ohne zu murren.

Wer kennt dieses alte Lied?

In meinem kleinen Apfel

In meinem kleinen Apfel,
da sieht es lustig aus;
es sind darin fünf Stübchen,
grad wie in einem Haus.

In jedem Stübchen wohnen
zwei Kernchen, braun und klein;
die liegen drin und träumen
vom lieben Sonnenschein.

Sie träumen auch noch weiter
gar einen schönen Traum,
wie sie einst werden hängen
am schönen Weihnachtsbaum.

Wer kennt diese Redensarten?

Der Apfel fällt nicht weit vom … *(Stamm)*

Auch ein schöner Apfel hat mal einen … *(Wurm)*

Da muss man in den sauren Apfel … *(beißen)*

Das bekommt man für einen Apfel und ein … *(Ei)*

Man kann Äpfel nicht mit Birnen … *(vergleichen)*

Ein Apfel am Morgen vertreibt Kummer und ... *(Sorgen)*

Ein Apfel am Tag hält den Doktor ... *(fern)*

Ein Gedicht aus Omas Lesebuch:

Der Bratapfel

Kinder, kommt und ratet,
was im Ofen bratet!
Hört, wie's knallt und zischt.
Bald wird er aufgetischt,
der Zipfel, der Zapfel,
der Kipfel, der Kapfel,
der gelbrote Apfel.

Kinder, lauft schneller,
holt einen Teller,
holt eine Gabel!
Sperrt auf den Schnabel
für den Zipfel, den Zapfel,
den Kipfel, den Kapfel,
den goldbraunen Apfel!

Sie pusten und prusten,
sie gucken und schlucken,
sie schnalzen und schmecken,
sie lecken und schlecken
den Zipfel, den Zapfel,
den Kipfel, den Kapfel,
den knusprigen Apfel.

Rätsel

Ein Häuschen mit fünf Stübchen,
drin wohnen braune Bübchen.
Nicht Tor noch Tür führt ein und aus,
wer sie besucht, verzehrt das Haus.

(Lösung: Apfel)

Was gibt es …
… heute zu essen?

Oma braucht dazu …

250 g Butter

150 g Zucker

2 Päckchen
Vanillezucker

1 Prise Salz

6 Eigelb

6 Eiweiß

500 g Mehl

½ TL Backpulver

½ l Milch

¼ l Mineralwasser

Heute gibt es …

Feine Waffeln

Omas Rezept:

Heute kommen die Enkelkinder zu Besuch. Oma weiß genau, was sie sich zum Essen wünschen. Omas feine Waffeln, was sonst! Schon am Morgen stellt Oma alle Zutaten bereit, damit sie Zimmertemperatur haben. Wenn die Enkelkinder da sind, kann es losgehen.

In einer Schüssel rührt Oma das Fett, den Zucker, den Vanillezucker und das Salz schaumig. Dann gibt sie die 6 Eigelbe dazu und verrührt alles, bis sich der Zucker aufgelöst hat.

Mehl und Backpulver werden vermischt und gesiebt. Dann gibt Oma die Mischung abwechselnd mit der Milch in die Schüssel. Anschließend wird das Sprudelwasser untergerührt.

Zum Schluss hebt Oma vorsichtig das sehr steif geschlagene Eiweiß unter.

Das Waffeleisen wird aufgeheizt, eingefettet, der Teig eingefüllt (1–2 EL von der Mitte aus). Goldgelb gebacken schmecken die Waffeln köstlich.

Was gibt es zu den Waffeln?

Waffeln schmecken auch ohne Zutaten prima. Wer will, kann sie mit Puderzucker bestreuen. Auch mit Zimt vermischter Zucker passt gut. Die Enkelkinder mögen gern Apfelmus dazu. Natürlich hat Oma es selbst gemacht.

Schwiegersohn Uwe freut sich, wenn Oma ihre eingemachten Kirschen dazu serviert. Ob heiß oder kalt, das ist ihm egal. Neulich hat sich Omas Tochter Evi Vanilleeis mit heißen Himbeeren zu den Waffeln gewünscht.

Waffelnbacken in früheren Zeiten

Oma ist froh, dass es heute elektrische Waffeleisen oder -automaten gibt. Früher hatte sie noch einen Herdaufsatz als Waffeleisen, der auf dem Kohleherd in der Küche gedreht werden musste.

Erste Zeugnisse von Waffeleisen gibt es aus dem 13. Jahrhundert. Damals war Waffelnbacken eine anstrengende und mühsame Arbeit. Das Eisen musste man vom Schmied anfertigen lassen. Es war an einer beweglichen Zange befestigt, die über das offene Feuer gehalten wurde.

Da die Zutaten zum Waffelnbacken früher sehr teuer waren, gab es Waffeln nur zu besonderen Anlässen, an Feiertagen oder zu Geburtstagen. Heute sind sie fast auf jedem Markt als Leckerbissen zu finden.

Waffeln aus anderen Ländern

Waffeln kennt man in vielen Ländern der Welt. Manches Mal haben sogar einzelne Städte ihre eigenen Rezepte.

Alle haben ihre Besonderheiten. Belgische Waffeln werden mit Crème fraîche gemacht, Brüsseler mit Vanillemark, finnische mit saurer Sahne, flämische mit Orangenschale, französische mit Rum, holländische mit Zitronenschale.

In Norwegen kommt Kardamom dazu, in Schweden Sahne, in Zürich Zitronenlikör, in Lyon Orangen- oder Rum-Aroma, und früher in Ostpreußen stand eine Vanillestange auf dem Rezept.

Sogar in der Karibik kennt man Waffeln. Dort kommen Mandarinen- und Ananasstücke in den Teig. Die türkischen Waffeln werden nur auf einer Seite gebacken.

Einkehr

(vgl. Seite 52)

Bei einem Wirte wundermild,
da war ich jüngst zu Gaste.
Ein goldner Apfel war sein Schild
an einem langen Aste.

Es war der gute Apfelbaum,
bei dem ich eingekehret.
Mit süßer Kost und frischem Schaum
hat er mich wohl genähret.

Es kamen in sein grünes Haus
viel leichtbeschwingte Gäste.
Sie sprangen frei und hielten Schmaus
und sangen auf das Beste.

Ich fand ein Bett in süßer Ruh
auf weichen, grünen Matten.
Der Wirt, er deckte selbst mich zu
mit seinem kühlen Schatten.

Nun fragt ich nach der Schuldigkeit.
Da schüttelt er den Wipfel.
Gesegnet sei er allezeit
von der Wurzel bis zum Gipfel.

Ludwig Uhland (1787–1847)

Vom Fischer und seiner Frau

(Fortsetzung von Seite 100)

… „Geh nur hin!“, sagte der Butt, „sie hat es schon.“

Eilig lief der Fischer nach Hause. Und siehe da! Anstelle der armseligen Hütte stand da ein wunderschönes Häuschen.

„So soll es bleiben“, meinte der Mann, „hier wollen wir vergnügt leben.“

Einige Tage ging alles gut. Doch mit der Zeit wurde die Frau unzufrieden.
„Das Häuschen ist doch recht eng“, fing sie an zu mäkeln, „geh zum Butt und wünsche uns ein Schloss!“

Alles Wenn und Aber half nichts. Der Fischer musste wohl oder übel gehen.

Als er ans Meer kam, war das Wasser violett. Schweren Herzens rief er nach dem Butt und trug den Wunsch seiner Frau vor. Und wieder sagte der Butt nur: „Geh nur hin, sie hat es schon!“

Tatsächlich! Schon von Weitem erblickte der Fischer ein Schloss, das an der Stelle des Häuschens emporragte.

„So soll es bleiben", meinte der Mann, „hier wollen wir wohnen und zufrieden sein."

Aber es ging nicht lange gut. Schon nach wenigen Tagen hatte die Frau einen neuen Wunsch. „Ich will eine Königin sein!", rief sie und schickte ihren Mann zum Butt.

Auch dieser Wunsch ging in Erfüllung. Dann wollte sie Kaiserin werden. Und als sie Kaiserin war, sogar Päpstin. Auch das wurde sie!

Jetzt dachte der Mann, dass seine Frau endlich zufrieden wäre. Doch weit gefehlt! Eines Tages war ihr auch das nicht genug. „Ich will werden wie der liebe Gott", schrie sie und jagte ihren Mann fort.

Als der Fischer ans Meer kam, war das Wasser ganz schwarz. Schweren Herzens rief er wieder in die tobende See hinaus:

„Manntje, Manntje, Timpe Te,
Buttje, Buttje in der See,
meine Frau, die Ilsebill,
will nicht so, wie ich wohl will."

Noch einmal tauchte der Butt auf und fragte: „Na, was will sie denn?“ Der Mann äußerte den Wunsch seiner Frau. „Geh nur hin“, sagte der Butt, „sie sitzt wieder in der Hütte.“

Und da saßen sie dann, der Fischer und seine Frau, bis an ihr Lebensende.

(nach dem Märchen der Brüder Grimm)

Die Geschichte von der blauen Tomate

(Fortsetzung von Seite 75)

Doch die anderen Tomaten wollten plötzlich nichts mehr mit ihr zu tun haben. „Eine blaue Tomate!“, sagten sie verächtlich. „Wo hat es denn so was schon mal gegeben!“

Kein Schmetterling setzte sich mehr in ihre Nähe. Die Hummeln machten einen großen Bogen um sie. Sogar die kleine Raupe Vielfraß beachtete sie nicht mehr. „Igitt, eine blaue Tomate!“, sagte sie nur und schüttelte sich. „Ich werde mich doch nicht vergiften.“

Da wurde Agathe traurig. Wie gern wäre sie wieder rot gewesen wie die anderen Tomaten. Aber wie sehr sie auch ihre Haut rieb, die blaue Farbe wollte und wollte nicht abgehen. Unglücklich schlief sie ein.

In der Nacht regnete es. Und siehe da, das Wunder geschah! Das Regenwasser wusch die blaue Farbe ab.

„Wie herrlich ist es doch, eine richtige Tomate zu sein!", jubelte Agathe am anderen Morgen.

„Schaut nur, wie schön sie aussieht!", riefen die anderen Tomaten und waren richtig stolz auf ihr rotes Tomatenfräulein.